KOKOSÖL

Das Ganzheitliche Superfood Für Mehr Vitalität, Jüngeres Aussehen und Eine Schlankere Taille

Vielen Dank für den Kauf dieses Ebooks. Möge es Ihnen nützliches Wissen vermitteln und Sie Ihrer optimalen Gesundheit einen Schritt näher bringen.

Johanna Jung

INHALT

1 | Wie Sie von Kokosöl profitieren werden

Wie viele Menschen streben nicht danach: ein gesteigertes Wohlbefinden, optimale Gesundheit, ein Wohlfühlgewicht und strahlende, jugendliche Haut? Was tun also die Meisten um dies zu erreichen? Sie geben Unmengen an Geld für Nahrungsergänzungsmittel, Abnehmshakes sowie teure chemisch zusammengesetzte Anti Aging Cremes aus. Doch was ist, wenn ich Ihnen mitteile, dass all dies mit nur einem ganzheitlichen Produkt aus der Natur möglich ist, dass nicht nur für jedermann leicht zugänglich, sondern auch noch kostengünstig ist? Klingt zunächst unrealistisch, ist aber wahr. Die Rede ist von dem Allroundtalent Kokosöl.

Kokosöl hat in den letzten Jahren aufgrund seines hohen Nutzens für die Gesundheit und Schönheit einen großen Hype erfahren. Immer mehr Menschen wurden auf die vielfältigen gesundheitsfördernden Eigenschaften des Öls aufmerksam. Es hat einen positiven Einfluss auf den Stoffwechsel, unterstützt die Gewichtsabnahme, steigert das Immunsystem und fördert die Verdauung. Es fand bisher bei einer Vielzahl von Krankheiten Anwendung, wie unter anderem Bluthochdruck, Diabetes, Herz-Kreislauf-Erkrankungen, Krebs und sogar HIV. Wird Kokosöl dauerhaft durch die Nahrung aufgenommen, so führt dies allgemein zu einem gesteigerten Wohlbefinden und mehr Energie. Der eine fühlt sich nach dem Arbeitstag nicht mehr so müde und hat noch Power weitere bereits lange vorgenommen Dinge anzugehen und der andere verfällt nicht mehr in die kleineren Tiefphasen im Tagesverlauf.

Doch neben den zahlreichen positiven Aspekten für die Gesundheit, kann Kokosöl äußerlich angewendet zu einer deutlichen Verbesserung der Haut und Haare führen. So wird es unter anderem gegen vorzeitige Hautalterung, bei Akne sowie trockener Haut verwendet und ist eine großartige Hilfe bei strapazierten Haaren.

Dieses Buch liefert Ihnen kompaktes Wissen zum Thema Kokosöl und beschreibt die zahlreichen praktischen Anwenudngsmöglichkeiten für Gesundheit und Schönheit. Sie erhalten praktische Tipps und Rezepte, um das Wunderöl sinnvoll in Ihre Ernährung integrieren zu können. Des Weiteren liefert Ihnen dieses Buch Anleitungen zu selbst hergestellten natürlichen Körperpflegeprodukten, wie unter anderem eine Anti Aging Creme.

Lassen Sie sich von den erstaunlichen Vorteilen des Kokosöls begeistern und setzen Sie die vorgeschlagenen praktischen Tipps und Rezepte um, so dass Sie sich um Ihre Gesundheit keine Sorgen mehr machen müssen und das Leben in vollen Zügen genießen können.

Bevor jedoch auf die Vorteile des Kokosöls für Gesundheit und Schönheit eingegangen wird, ist es bedeutend die unterschiedlichen Sorten des Öls kennenzulernen. Es wird zwischen drei unterschiedlichen Varianten unterschieden.

2 | Die unterschiedlichen Arten von Kokosöl

2.1 Raffiniertes Kokosöl

Raffiniertes Kokosöl wird aus dem trockenen Kokosfruchtfleisch gewonnen. Da diese Sorte nicht schnell verdirbt, entscheiden sich viele Bauern dazu das Kokosnussfruchtfleisch zu trocknen um ein Verderben der Kokosnüsse vor der eigentlichen Gewinnung des Öls zu vermeiden. Raffiniertes Öl ist besonders günstig und wird häufig für die Massenproduktion von Shampoos, Seifen und Kochöl verwendet.

Doch das raffinierte Kokosöl ist aus ernährungs-physiologischer Sicht nicht wertvoll. Denn nach der Pressung wird das Öl auf chemische Weise raffiniert, deodoriert und gebleicht. Hierdurch werden Aromen, Gerüche und Farbe entfernt. Wertvollen Nährstoffe wie das Vitamin E gehen währenddessen verloren. Deshalb sollten Sie auf den Konsum dieses Öls verzichten. Es sollte ebenfalls betont werden, dass das raffinierte Kokosöl nicht nach Kokosöl riecht und bei Raumtemperatur flüssig ist.

2.2 Natives Kokosöl

Unraffiniertes Kokosöl wird gewöhnlich natives Kokosöl genannt. Im Gegensatz zu raffiniertem Kokosöl wird diese Sorte aus frischen, rohen Kokosnüssen gewonnen ohne dabei auf Chemikalien zurückzugreifen. Die Intensität des Geschmacks und des Geruchs des Kokosöls hängt von der ausgewählten Extraktionsmethode ab. Trotz einiger ähnlicher Eigenschaften ist das unraffinierte Kokosöl aufgrund der Abwesenheit der Chemikalien und dem hohen Nährstoffenanteil natürlich die gesundheitsfördernde Variante und sollte deshalb bevorzugt werden.

2.3 Bio Kokosöl

Diese Art des Kokosöls wird aus Kokosölen hergestellt, die von ökologisch, nachhaltigen (meist Familien-) Betrieben geerntet werden. Aufgrund der nachhaltigen und ökologischen Bedingungen ist die Behandlung frei von Pestiziden, Insektizide und künstlichem Dünger. Es wird auf sämtliche Chemikalien während des Herstellungs- und Extraktionsprozesses verzichtet. Ob Sie Bio Kokosöl kaufen oder nicht, liegt letztendlich in

Ihrer Hand. Sie sollten jedoch berücksichtigen, dass Bioprodukte deutlich mehr kosten können als gewöhnliches natives Kokosöl.

Da Ihnen nun die unterschiedlichen Arten von Kokosöl bekannt sind, soll zunächst im nächsten Kapitel auf das Verständnis von Fetten eingegangen werden. Dieses Kapitel ist besonders bedeutend, damit Ihnen die effektive Wirkungsweise des Öls bewusst wird.

3 | Fette verstehen: Fett ist nicht gleich fett

Fette sind unabdingbare Bestandteile einer ausgewogenen Ernährung. Jedoch ist zunächst bedeutend zu verstehen, welche Fette in die Ernährung integriert und welche vermieden werden sollten. Bei der Auswahl der Fette ist Kokosöl im Vergleich zu Transfetten und tierischen Fetten aufgrund der Fettzusammensetzung weitaus gesundheitsförderlicher. Doch obwohl es kein Cholesterin beinhaltet, zählt es immer noch zu den gesättigten Fettsäuren. Sie werden sich an dieser Stelle sicherlich wundern, warum dieses Öl in diesem Buch so viel Lob erntet, obwohl es doch eigentlich zu den umstrittenen gesättigten Fettsäuren gehört. Hierbei sollte die Fettzusammensetzung näher betrachtet werden.

Tierische, und demnach gesättigte, Fettsäuren bestehen aus langkettigen Fettsäuren, die im Zusammenhang stehen den Cholesterinspiegel und das Risiko von Diabetes und Herz-Kreislauf-Erkrankungen steigern. Kokosöl dagegen setzt sich hauptsächlich aus mittelkettigen gesättigten Fettsäuren zusammen, die im Körper anders verstoffwechselt werden. Sie können ohne die Mitarbeit der Gallensäuren verdaut werden. Da sie wasserlöslich sind, gelangen sie ohne Umschweife über die Blutbahn direkt in die Leber. Dort werden sie dann gerne vom Körper zur Energiegewinnung genutzt. Der Vorteil dieser Fettsäuren ist, dass sie nicht im Körper gespeichert und weniger in Fettdepots eingelagert werden. Denn für den Körper ist es um einiges einfacher die langkettigen Fettsäuren der tierischen Fette zu speichern anstatt sie in Energie umzuwandeln. Sollten Sie demnach einen hohen Konsum an tierischen Fetten aufweisen und sich nicht übermäßig sportlich betätigen, entscheidet sich der Körper dazu diese langkettigen Fettsäuren als Körperfett zu speichern und die Energie aus anderen aufgenommenen Lebensmitteln zu gewinnen. Die einzige Möglichkeit dies zu vermeiden, besteht darin, die Energie der aufgenommen Lebensmittel noch an demselben Tag zu verbrennen oder mehr Kalorien zu verbrennen als aufgenommen wurden. Aber sehen wir der Realität ins Auge, bei unserem heutigen sehr arbeitsintensiven Lebensstil stellt dies für viele Menschen eine große Herausforderung dar.

Es ist nun sicherlich deutlich geworden, dass die Auswahl der Fette für eine ausgewogene Ernährung eine wichtige Rolle spielt. Doch neben der Auswahl ist natürlich die Menge der aufgenommenen Fette bedeutend. Will man die Vorzüge des Kokosöls für seine Gesundheit nutzen, so sollte aufgrund der hohen Kaloriendichte mit der Aufnahme nicht übertrieben werden. Negative Folgen, wie eine Gewichtszunahme, können die Konsequenz darstellen.

Insgesamt führt Kokosöl aufgrund seiner günstigen Fettzusammensetzung dazu, dass weniger Fett als Körperfett gespeichert wird. Durch einen geringeren Körperfettanteil senken Sie Ihr Risiko an Herz-Kreislauf-Erkrankungen und Diabetes zu erkranken. Psychisch betrachtet, geht ein geringerer Körperfettanteil natürlich auch mit einer höheren Körperzufriedenheit einher.

Dass Kokosöl durch seine Eigenschaften günstige Auswirkungen auf Ihr Gewicht hat, konnte bereits deutlich werden. Doch es hat noch weitere zahlreiche positive Einflussmöglichkeiten auf unterschiedliche

Bereiche Ihrer Gesundheit, die im nächsten Kapitel detailliert dargestelltt werden.

4 | Kokosöl für die Gesundheit

In diesem Kapitel wird zunächst darauf eingegangen welchen positiven Einfluss Kokosöl auf das menschliche Gehirn hat und inwiefern es die Leistung des Gehirns steigern kann. Daraufhin wird der wichtige Aspekt der Gewichtsreduktion im Zusammenhang mit der Einnahme von Kokosöl erläutert. Anschließend wird darauf eingegangen wie der Konsum von Kokosöl nicht nur zu einer Gewichtsreduktion sondern sogar zu mehr Energie führen kann. Um dieses Ziel entsprechend erreichen zu können, werden daraufhin praktische Tipps vorgestellt, die sich mühelos im Alltag einsetzen lassen.

4.1 Für ein gesundes Gehirn

Das menschliche Gehirn benötigt Glucose als Brennstoff. Ein Absinken des Glukosespiegels wirkt sich daher negativ auf die Aufmerksamkeit, das Gedächtnis und das Lernen aus. Doch mit zunehmendem Alter haben Teile unseres Gehirns immer mehr Probleme die Glukose zu zerlegen. Ähnliches ist bei Diabetes zu beobachten. Eine Studie von S. de la Monte und J. Wands hat einen Zusammenhang zwischen den Krankheiten Alzheimer und Diabetes feststellen können. In weiteren Studien konnte beobachtet werden, das ein erhöhter Blutzuckerspiegel kognitive Beeinträchtigungen verur-sachen kann. Daraus resultiert, dass Diabetiker im Vergleich zu anderen Personengruppen ein höheres Risiko haben Hirnerkrankungen zu entwickeln.

Kokosöl kann dem Körper dazu verhelfen, Ketone anstatt Glukose zu verbrennen um Muskelkraft zu erzeugen. Ketone können ebenfalls eine alternative Energiequelle für das Gehirn darstellen. Sie sind ein biologisches Nebenprodukt der mittelkettigen Fettsäuren im Kokosöl, die der Körper nicht auf natürliche Weise selber herstellen kann. Es gibt jedoch eine Möglichkeit um die Ketonenbildung im Körper zu unterstützen. Diese ist eine Low Carb Ernährung, wie zum Beispiel Aktins, bei der Fette und Proteine die wegfallenden Kohlenhydrate ersetzen sollen. Dadurch dass nicht ausreichend Kohlenhydrate aufgenommen werden, erzeugt der Organismus in der Leber aus den Fettreserven die körpereigenen Engergieträger, die bereits erwähnten Ketone. Auf diese Weise verbrennt der Körper nicht die Glukose sondern wird vielmehr dazu gezwungen, die Fette (inklusive Fettreserven) als Energielieferant zu nutzen. Dieser Prozess wird als Ketose bezeichnet.

Folgt man demnach einer Ernährung, die einen hohen Anteil an mittelkettigen Fettsäuren aufweist, wie durch den Einsatz von Kokosöl, so wird ein Zuwachs von Ketonen im Körper unterstützt. Das Gehirn selber besteht zu ungefähr 60 Prozent aus Fett. Dieses Fett nimmt bei der Effizienz der kognitiven Leistung eine wichtige Rolle ein. Studien belegen, dass Öle, die einen hohen Anteil an essentiellen Fettsäuren aufweisen, einen positiven Einfluss auf die Gehirnfunktion haben.

Insgesamt wird deutlich, dass sich die Aufnahme von Kokosöl günstig auf die Steuerung des Glukosespiegels auswirkt und so die geistigen Tätigkeiten des Gehirns unterstützt. Doch für das gesundheitliche Wohl des Menschen spielt besonders das Gewicht eine bedeutende Rolle. Deshalb wird im Folgenden darauf eingegangen, wie der Konsum von Kokosöl zu einer Reduktion des Gewichts führen kann.

4.2 Übergewicht natürlich abbauen

Es gibt viele Gründe, warum der Einsatz von Kokosöl bei der Gewichtsabnahme effektiv ist. Zahlreiche Studien haben belegt, dass der Konsum von Kokosöl zu einem geringeren BMI führt.

Wie im letzten Kapitel beschrieben, ist die Effektivität hauptsächlich in der Länge der Fettsäuren begründet, denn Kokosöl besteht aus kurz- und mittelkettigen Fettsäuren. Diese Fettsäuren werden anders verstoffwechselt als die langkettigen und haben deshalb einen positiven Einfluss auf die Gewichtsabnahme. Die Fettsäuren gelangen direkt in die Leber und werden daraufhin nicht als Körperfett gespeichert, sondern vielmehr zur Energiegewinnung genutzt. Auf diese Weise optimiert Kokosöl das Verdauungssystem, unterstützt die gesunde Funktion der Schilddrüse und mindert den Stress für die Bauspeicheldrüse. Letzeres führt dazu, dass der Stoffwechsel angekurbelt und mehr Kalorien verbrannt wird. Dies ist auch eine mögliche Erklärung, warum Menschen in tropischen Ländern, die Kokosöl in ihren Speisen verwenden, weniger Probleme mit Übergewicht und Fettleibigkeit haben.

Den positiven Einfluss des Kokosöls auf die Gewichtsabnahme belegt zudem eine japanische Studie aus dem Jahre 2001 mit 78 Probanden. Dabei wurde der Gewichtsverlust zweier Gruppen aus übergewichtigen Personen über eine Dauer von drei Monaten beobachtet. Beide Gruppen erhielten dieselben Speisen, wobei Gruppe A täglich 60 Gramm Fett aus mittelkettigen Fettsäuren und Gruppe B aus langkettigen Fettsäuren erhielt. Beide Gruppen verloren Gewicht, wobei die Abnahme des Gewichts bei Gruppe A deutlich höher war als in der anderen Gruppe. Doch dies war nicht der einzige positive Effekt. Häufig ist es der Fall, dass die Muskelmasse bei einer Diät schnell abnimmt, wohingegen sich der Körperfettanteil nur langsam reduzieren lässt. Jedoch zeigte die Untersuchung, dass der Körperfettanteil sowie der Fettverlust des Unterhautgewebes der Gruppe A deutlich höher war als der der Gruppe B. Aus den Ergebnissen lässt sich folgern, dass Kokosöl nicht nur die Gewichtsabnahme signifikant reduziert, sondern insbesondere auch den Körperfettanteil. Zusätzlich zeigte eine, von C Beermann durchgeführte, Studie, dass mittelkettige Fettsäuren auch die Verbrennung anderer Fette positiv beeinflussen und den

Metabolismus erhöhen, wodurch mehr Kalorien verbrannt werden.

Im Kontext der Gewichtsreduktion schafft es Kokosöl ebenfalls den bekannten Heißhunger zu zügeln. Denn wer kennt das nicht: Sie haben gerade eine Mahlzeit gegessen und haben immer noch Hunger oder Lust auf etwas Süßes? Dies ist ein Anzeichen, dass dem Körper nicht die richtigen Lebensmittel zugeführt wurden. Auch hier kann Kokosöl Abhilfe schaffen. Denn durch die frühzeitige Verstoffwechslung der mittelkettigen Fettsäuren (Triglyceride) in der Leber und die Bildung von Ketonen kommt es zu einem Sättigungsgefühl. Das Sättigungsgefühl hängt ebenfalls eng mit der Aufrechterhaltung des Blutzuckerspiegels zusammen.

Kokosöl ist jedoch nicht nur effektiv zur Gewichtsreduktion zu gebrauchen, sondern sollte auch unabdingbarer Bestandteil Ihrer Ernährung werden, wenn Sie mehr Energie benötigen, um den Herausforderungen des Alltags gerecht zu werden. Wie Sie dies erreichen, wird im folgenden Abschnitt deutlich.

4.3 Mehr Energie

Sind Sie es satt, sich ständig müde und angeschlagen zu fühlen? Haben Sie häufig das Gefühl nicht genügend Energie zu haben um den Tag zu überstehen? Mit mehr Energie fühlen Sie sich aktiver und verbrennen auf natürliche Weise Kalorien. Den Energiegewinn auf natürliche Weise anzukurbeln, ist mit der richtigen Auswahl der Fette möglich. Wie Sie sicherlich schon richtig vermuten, sollten Sie natürlich auch hier Kokosöl bevorzugen. Denn wie bereits erwähnt, kommt es zu einem Anstieg Ihrer Stoffwechselrate, wodurch Sie sich fitter und energiereicher fühlen.

Lebensmittel mit mittelkettigen Fettsäuren sind für alle Menschen von Bedeutung, die einen Energieschub benötigen oder sich häufig angeschlagen fühlen. Des Weiteren sollten Sportler sowie Personen, die sich von einer Operation erholen, ebenfalls mittelkettige Fettsäuren in ihre Ernährung integrieren. Die in Kokosöl enthaltene Laurinsäure lässt sich auch in Babymilch finden. Dies zeigt dass, diese Fettsäure insbesondere hilfreich ist um Kraft aufzubauen.

Außerdem werden die intramuskulären Fettspeicher wieder aufgefüllt, was das Muskelwachstum erhöht.

Studien haben belegt, dass eine Diät mit einem hohen Anteil an mittelkettigen Fettsäuren dem Körper dazu verhilft die, für die Energiegewinnung, wichtigen Enzyme schneller zu bilden als wenn nur langkettige Fettsäuren aufgenommen werden. Des Weiteren helfen die mittelkettigen Fettsäuren dem Körper bei der Produktion von Ketonen, die als Quelle für Energie verwendet werden. Führen Sie eine Low Carb Diät durch, verhindert Kokosöl, dass der Körper Aminosäuren als Energie verbrennt. Dieser Fall tritt häufig ein, wenn keine Kohlenhydrate aufgenommen werden, die der Körper verbrennen kann. Aminosäuren sind Bausteine der Proteine, die der Körper selber nicht herstellen kann. Kokosöl verhindert, dass die Proteine in ihre Bestandteile aufgebrochen werden, denn dies resultiert unmittelbar darin, dass ebenfalls Muskeln abgebaut werden.

Wie Sie es schaffen Kokosöl auf einfache Weise in Ihre alltägliche Ernährung einzubauen um effektiv Gewicht zu verlieren und mehr Energie zu erhalten, wird im nächsten Abschnitt näher erläutert.

4.4 Praktische Tipps für mehr Energie und Gewichtsverlust

In einer Studie wurde herausgestellt, dass Teilnehmer, die in ihrer Ernährung statt Olivenöl Kokosöl verwendet haben, deutlich mehr Gewicht verloren. Um dieses Ziel ebenfalls zu erreichen, sollten Sie so häufig wie möglich Speisen mit Kokosöl zubereiten und Fette wie Butter oder Sonnenblumenöl damit ersetzen. Die Empfehlung für die Menge des Kokosöls liegt bei etwa einem bis drei Esslöffeln pro Tag. Im Folgenden werden Ihnen einfache und praktische Tipps vorgestellt.

1. Um schneller satt zu werden und weniger Kalorien aufzunehmen, kann eine halbe Stunde vor der Mahlzeit ein Teelöffel Kokosöl aufgenommen werden.

2. Verwenden Sie zwei Esslöffel Öl wenn Sie Fisch oder Hähnchen braten. Kokosöl eignet sich hervorragend für das Braten, denn im Gegensatz zu anderen Ölen bleibt es auch bei höheren Temperaturen stabil und verändert kaum seine chemische Struktur.

3. Integrieren Sie nach einem Workout ein bis zwei Esslöffel Kokosöl in Ihre Mahlzeit. Dies hilft Fett zu verbrennen, den Hormonspiegel zu stabilisieren und unterstützt zusätzlich den Muskelaufbau.

4. Für mehr Energie am Morgen tauschen Sie einfach zum Frühstück Butter mit einem oder zwei Esslöffel Kokosöl aus. Sie können auch einen Teelöffel Kokosöl in Ihren Kaffee oder Tee mischen.

5. Auch bei Desserts können Sie Kokosöl verwenden um mehr Energie zu erhalten und Gewicht zu verlieren. Schmelzen Sie dazu einfach Kokosöl und geben Sie es über das Dessert.

6. Das Öl kann natürlich in Smoothies integriert werden um ein schnelleres Sättigungsgefühl und einen Schub an Energie zu erreichen. Geben Sie dazu einfach zwei Esslöffel Kokosöl in Ihren Smoothie bevor Sie diesen mit Hilfe eines Standmixers zerkleinern.

7. Kokosöl kann auch in Ihr Sportgetränk gemischt werden, um die energieliefernde Funktion während

eines Workouts noch zu steigern. Dazu sollte ein Esslöffel genügen.

8. Sollte Kokosöl ein Bestandteil Ihrer alltäglichen Ernährung werden, so wird es sicherlich auch einmal Zeiten geben, wo Sie das Öl vielleicht nicht mehr schmecken bzw. riechen können. In diesem Falle können Sie sich immer noch die Vorteile des Kokosöl für den Gewichtsverlust zu Nutze machen, indem Sie das Öl in Form von Nahrungsergänzungsmitteln aufnehmen. Pro Mahlzeit empfiehlt sich eine Menge von ein bis drei Gramm.

Doch Kokosöl ist nicht nur wirksam bei Gewichtsverlust und Antriebslosigkeit, sondern ebenfalls sehr effektiv bei der Bekämpfung bestimmter Krankheiten. Welche zahlreichen Krankheiten Sie mit der Einnahme von Kokosöl wieder in den Griff kriegen, erläutert das nächste Kapitel eingehend.

5 | Wie Kokosöl gegen Krankheiten helfen kann

Kokosöl wird seit langem nicht mehr nur als Lebensmittel sondern vielmehr als Heilmittel gesehen. Es besitzt eine antibakterielle, antivirale und fungizide Wirkung und hilft deshalb bei vielen gesundheitlichen Beschwerden.

5.1 Bei Viren und Bakterien

Wird die Fettsäurenzusammensetzung des Kokosöls betrachtet, so besteht diese alleine zu 50 % aus der mittelkettigen Laurinsäure. Diese wird im menschlichen Körper in Monolaurin umgewandelt. Monolaurin ist hauptsächlich dafür verantwortlich, dass Kokosöl gegen Viren und Bakterien wirkt. Betrachtet man Viren wie z.B. Masern, HIV, Herpes und Grippeviren, so sind diese von einer speziellen Lipidhülle umgeben. Monolaurin ist deshalb so effektiv, da es diese Hülle auflöst und die Viren auf diese Weise inaktiviert werden.

Untersuchungen haben festgestellt, dass die zu 6 % im Kokosöl enthaltene mittelkettige Caprinsäure ebenfalls eine inaktivierende Wirkung auf Virenerkrankungen (wie HIV, Masernvirus, Herpesviren) und sexuell übertragbare Erkrankungen (wie Chlamydien) hat.

Wird Kokosöl auf die Haut aufgetragen, so kann es ebenfalls in den Blutkreislauf übergehen. Dies schützt die Haut vor Viren und Bakterien, die in der Umgebung vorhanden sind.

5.2 Bei Krebs

Bei Krebserkrankungen ist eine Integration von Kokosöl in die alltägliche Ernährung zu empfehlen, da der Körper durch die antimikrobielle Wirkung des Öls das Immunsystem entlastet und es ebenfalls entzündungshemmend wirkt. Oft sind die Körper der Krebsleidenden ausgezehrt, doch Kokosöl versorgt diese mit leicht verdaulichen Kalorien. Für die Betroffenen gibt es selbst ein spezielles Programm (die ketogene Reinigung), bei der Kokosöl eine besondere Rolle einnimmt. So sollen über einen Zeitraum von drei bis zehn Tagen die Krebszellen ausgehungert werden und gleichzeitig die gesunden Körperzellen mit den aus dem Kokosöl stammenden Ketonen mit Brennstoff versorgt werden.

Auch die Forschung belegte den positiven Einfluss von Kokosöl auf Krebserkrankungen. So wurde 1988 eine britische Studie mit Tieren durchgeführt, die belegte, dass die mittelkettigen Fettsäuren die Tumorgröße der Tiere reduzierte. In einer im Jahre 2008 durchgeführten deutschen Studie wurden ebenfalls Mäuse mit denen im Kokosöl enthaltenen mittelkettigen Fettsäuren gefüttert. Auch hier ergab das Ergebnis, dass der Wachstum der Tumore deutlich sank.

5.3 Bei Verdauungsstörungen

Krankheiten, die mit dem Verdauungstrakt zusammenhängen, seien es leichte Verdauungs-störungen oder sogar Morbus Crohn, stellen eine Belastung für jeden Menschen dar. Ist der Körper nicht in der Lage die Speisen angemessen zu verdauen, kann er die gesundheitsfördernden Vorteile der Nahrung nicht nutzen. Dies hat unter anderem zur Folge, dass das Wachstum der Muskeln oder auch das des Gewebes der

Gehirnzellen gehemmt ist. Weiterhin fühlt sich der Bauch aufgebläht an und ein ständiges Gefühl der Angeschlagenheit tritt ein. Häufig können Bakterien und Pilze ein Grund für die Störung des Verdauungstraktes sein, durch die ebenfalls Geschwüre entstehen können.

Doch aufgrund der kurz- und mittelkettigen Fettsäuren fördert Kokosöl die Funktion des Verdauungstraktes und wirkt Verdauungsstörungen entgegen. Die Ketten der Fettsäuren sind etwas kürzer, weshalb weniger Enzyme und weniger Energie zur Spaltung der Fette benötigt werden. Da die mittelkettigen Fettsäuren schnell aufgespalten werden, wird die Bauchspeicheldrüse kaum belastet. Dies ist besonders schonend für die Verdauung, denn für gewöhnlich ist die Bauchspeicheldrüse bei der Verdauung von Fetten häufig überfordert. Des Weiteren müssen langkettige Fette mit einer Proteinhülle ummantelt werden um im Körper verteilt zu werden. Dies ist bei den mittelkettigen Fettsäuren im Kokosöl dagegen nicht notwendig. Sie wandern direkt zur Leber und wandeln daraufhin das Fett in Glukose um, dass sofort zur Energiegewinnung genutzt wird ohne dass der

Verdauungstrakt erheblichen Belastungen ausgesetzt ist.

Kokosöl aufzunehmen um die Verdauung zu schonen, ist besonders bedeutend je älter Sie werden. Unglücklicherweise nimmt mit zunehmendem Alter die Leistung des Verdauungstraktes ebenfalls ab und es werden immer weniger Enzyme gebildet, die Fett aufspalten um zur Energiegewinnung zu nutzen.

5.4 Bei Diabetes Typ 2

Fett- und zuckerreiche Nahrung sind häufig Ursache von Diabetes Typ 2. So sind beispielsweise alleine sechs Millionen Einwohner in Deutschland von dieser Krankheit betroffen. Der Konsum von Zucker führt zu einem Anstieg des Insulinspiegels, der dann wiederum den Glukosespiegel im Blut reduziert. Glukose ist bedeutend für unsere körperlichen und geistigen Funktionen und das Insulin hat die Funktion die Glukose in die entsprechenden Regionen unseres Körpers zu schleusen. Bei Diabetes Typ 2 ist man jedoch insulinresistent, wodurch der Körper zu viel Insulin produziert, das er anschließend zur

Glukoseregulierung in den Blutkreislauf ausströmt. Jedoch kann ein hoher Insulinspiegel im Blut überaus gefährlich sein. Um der Nebenwirkung der Insulinresistenz entgegenzuwirken, verzichten Diabeti-ker auf Zucker. Werden Kohlenhydrate dagegen mit etwas Kokosöl verzehrt, so wird der Blutstrom nicht mit zu viel Zucker auf einmal befallen. Stattdessen unterstützt Kokosöl die Verdauungsprozesse und die Energie wird gleichmäßiger verteilt, so dass es nicht zu einer raschen Erhöhung und einer ebenfalls gefährlichen schnellen Senkung des Blutzuckerspiels kommt.

5.5 Hefepilzinfektionen

Die Fettsäuren des Kokosöls helfen nicht nur gegen Bakterien und Viren, sondern auch gegen Pilze. Hefepilz kommt in natürlicher Form in unserem Verdauungssystem vor. Gesunde Menschen produzieren ausreichend gute Bakterien, die die zusätzlichen Hefepilze in dem menschlichen Körper bekämpfen, wodurch ein Gleichgewicht der vorkommenden Hefepilze aufrechterhalten wird. Unglücklicherweise kann die Hefepilzproduktion leicht außer Kontrolle geraten, insbesondere bei einer einseitigen Ernährung, bei der Einnahme bestimmter Antibabypillen oder auch bei Stress. Leiden Sie an einer Hefepilzinfektion, so ist Kokosöl eines der einfachsten und hilfreichsten medizinischen Heilmittel. Betrachten wir wiederum die bereits erwähnten Laurin- und Caprinsäuren, so dringen diese nach dem Transfer in der Leber in die Membranen der Hefepilze durch und töten diese wiederum. Dadurch verschafft Kokosöl effektiv Abhilfe bei unterschiedlichen Arten von Pilzinfektionen. So kann es innerlich bei Darmpilzinfektionen und äußerlich bei Pilzinfektionen der Haut oder Schleimhäute angewendet werden.

5.6 Herz und Cholesterinprobleme

Kokosöl ist reich an gesättigten Fettsäuren und dabei gut für unser Herz. Dies ist zunächst schwer zu glauben, da viele Ärzte predigen wie schädlich gesättigte Fettsäuren für unser Herz sind. Doch aufgrund seiner besonderen Zusammensetzung hat Kokosöl die Eigenschaft die Cholesterinwerte zu senken und das Risiko von Bluthochdruck zu reduzieren. Auch die Forschung belegte, dass obwohl Kokosöl hauptsächlich aus gesättigten Fettsäuren besteht, es sich dabei um eine Art handelt, die die nicht zu einer Steigerung der Cholesterinwerte führt. Die Cholesterinwerte steigen, wenn der Körper einen hohen Körperfettanteil aufweist und zwar besonders um die Organe herum wie das Herz oder die Leber. Nehmen Sie zu viel Fett und insbesondere gesättigte Fettsäuren auf, so wird der Überschuss an Fett, der nicht durch körperliche Aktivitäten verbrennt wird, als Körperfett gespeichert. Aufgrund des hohen Anteils an mittelkettigen Fettsäuren hat der Körper im Vergleich zu langkettigen Fettsäuren viel mehr Schwierigkeiten diese als Körperfett zu speichern. Dem Körper fällt es also einfacher die mittelkettigen Fettsäuren im Kokosöl zur Energienutzung zu verwenden. Betrachten wir einmal Völkergruppen, die alltäglich Kokosöl durch ihre traditionelle Ernährung konsumieren, wie zum Beispiel Menschen im Südosten Asiens. Obwohl sie große Mengen an Öl bzw. Fett aufnehmen und nicht körperlich aktiver sind als Menschen, die denselben Anteil an tierischen Fetten aufnehmen, neigen sie allgemein seltener zu Übergewicht. Diese Personengruppen werden für gewöhnlich erst häufig übergewichtig, sobald der westliche Einfluss einer fleischlastigen Ernährung in ihre Kultur integriert wird.

Kokosöl kann, als Ergänzung zu einer ausgewogenen Ernährung und ausreichend Sport, indirekt helfen die Cholesterinwerte in Balance zu halten, da es Ihnen ermöglicht Fett zu konsumieren ohne dabei ihr Gewicht zu steigern. So können Sie es aufgrund der eher festeren Konsistenz wie Butter verwenden. Sollten Sie besorgt sein wegen des typisch dominanten Kokosgeschmacks, so sind ebenfalls aromatisierte Kokosöle im Handel erhältlich. Es sollte an dieser Stelle jedoch betont werden, dass Sie generell anstreben sollten wenig Fett aufzunehmen, um Übergewicht zu vermeiden und den Cholesterinspiegel entsprechend zu kontrollieren.

Doch kann Kokosöl auch auf direktem Wege die Herztätigkeit sowie die Cholesterinwerte verbessern? Ja. Die Kombination aus Laurin- und Caprinsäuren können die HDL Werte, also demnach das "gute" Cholesterin, positiv beeinflussen. Leider hat das Kokosöl keinen Einfluss auf das "schlechte" Cholesterin LDL.

5.7 Gesundheitliche Beschwerden bei Männern

Es gibt einige typische Krankheiten, die Männer betreffen und bei denen sich Kokosöl als hilfreich erwiesen hat. So bietet Kokosöl den Männern die Chance auf natürliche Weise ihre Beschwerden zu lindern und damit ernsthafte Operationen zu vermeiden.

Vergrößerte Prostata: Mit zunehmendem Alter haben Männer immer häufiger Probleme mit einer vergrößerten Prostata. Sobald ein Mann älter als 40 Jahre ist, kann dieser Zustand jederzeit eintreffen. Während einige Männer bei einer größer werdenden Prostata eindeutige Symptome aufweisen, gibt es jedoch auch viele Männer die keinerlei Beschwerden haben. So wird sogar davon ausgegangen, dass nahezu alle Männer zu irgendeinem Zeitpunkt in ihrem Leben eine vergrößerte Prostata haben ohne dies zu bemerken. Rund 50 Prozent der 60 Jährigen Männer und ungefähr 90 Prozent der 70 Jährigen sind davon betroffen. Wird die vergrößerte Prostata nicht behandelt, so haben Männer häufig unangenehme Beschwerden oder Schmerzen beim Wasserlassen. Die

Harnröhre wird eingeengt, wodurch das Wasserlassen behindert wird. Zum anderen können Reizstörungen auftreten, die zu vermehrtem nächtlichen Wasserlassen führen. Doch auch Entleerungsstörungen sind eine Folge der Erkrankung, wie unter anderem ein verzögerter Start der Blasenentleerung oder ein schwacher, häufig unterbrochener Harnstrahl. Um dies zu verhindern, muss die Umwandlung des Hormons Testosteron in DHT verhindert werden. Auch hier kann Kokosöl effektiv werden, da es die Regulation der Hormonproduktion und -umwandlung unterstützt.

Erektionsstörungen: Je älter Männer werden desto mehr Probleme haben sie mit der Produktion von Testosteron. Ist dies der Fall, so können einige Schwierigkeiten im Körper entstehen und Erektionsstörungen sind nur eine davon. Die Forschung bewies, dass Kokosöl hilft die Testosteronproduktion zu regulieren und somit einer Erektionsstörung vorgebeugt werden kann.

5.8 Regulierung des Blutzuckerspiegels

Im Gegensatz zu zuckerhaltigen Snacks führt Kokosöl nicht zu einem Anstieg an Insulin. Hierdurch wird die Bauchspeicheldrüse entlastet. Die Bauchspeicheldrüse versorgt den Körper mit ausreichend Insulin um die richtige Menge an Glucose im Blut aufrechtzuerhalten. Die Regulierung des Blutzuckerspiegels reduziert demnach den Appetit und somit das Verlangen nach Süßem.

5.9 Effizientere Absorption der Nährstoffe

Der regelmäßige Konsum des Kokosöls kann, wie schon oben beschrieben, die Verdauung der Nahrung signifikant verbessern. Doch die tägliche Aufnahme führt vor allem auch dazu, dass die fettlöslichen Vitamine A, D, E und K besser von unserem Körper aufgenommen werden können. So steigt die Chance, dass der Körper diese Vitamine vollständig verwerten kann. Des Weiteren spielt Vitamin D bei der Absorption der Mineralien Magnesium, Calcium, Zink und Eisen ein bedeutende Rolle spielt. Auf diese Weise erhält der

Körper alle benötigten Nährstoffe. Vor allem kann damit aber auch vermieden werden, dass zu viel Nahrung aufgenommen wird.

Im nächsten Kapitel geht es nicht mehr vorwiegend um gesundheitliche Beschwerden und die Behandlung mit Kokosöl, sondern vielmehr um die Schönheit, die durch die Aufnahme des Öls optimiert wird

6 | Kokosöl für die Schönheit

Das Allround-Talent Kokosöl kann nicht nur innerlich angewendet zu mehr Gesundheit verhelfen, sondern auch bei äußerlicher regelmäßiger Anwendung die Haut und die Haare zum Strahlen bringen. Im Folgenden werden Ihnen nicht nur die Vorzüge für Haut und Haare vorgestellt, sondern auch noch praktische Tipps sowie Do-it-yourself Produkte erläutert, so dass sie das Beautywunder für all ihre Bedürfnisse verwenden können. Dabei sollte erwähnt werden, dass Sie Kokosöl natürlich für sämtliche äußerlichen Probleme alleine verwenden können. Doch anbei werden Ihnen auch Produkte vorgestellt, in denen Kokosöl neben weiteren natürlichen Inhaltsstoffen ein wichtiger Bestandteil ist. Denn wird Kokosöl sinnvoll mit anderen natürlichen Zutaten ergänzt, so kann es seine positive Wirkung für Haut und Haare sogar noch verbessern.

6.1 Strahlende und junge Haut

Kokosöl ist wohl das Beste was Sie Ihrer Haut bieten können. Aufgrund seiner bereits beschriebenen zahlreichen positiven Eigenschaften lässt sich dieses

Beautyprodukt für vielfältige Zwecke in der Hautpflege einsetzen. In den letzten Jahren setzen auch verstärkt Stars und Sternchen nicht mehr nur auf preisklassige Produkte, sondern verwenden vielmehr Kokosöl bei sämtlichen Hautproblemen. Es gibt zahlreiche Gründe, warum Kokosöl unbedingt Bestandteil ihrer Pflegeroutine werden sollte. So wirkt es zum einen entzündungshemmend und antibakteriell und hilft die Haut vor äußeren Einflüssen zu schützen. Die in Kokosöl enthaltenen natürlichen Antioxidantien legen sich wie eine Art Schutzmantel um die Haut. Des Weiteren wird Kokosöl nicht schnell ranzig, was bedeutet, dass Sie es sorgenfrei über einen längeren Zeitraum für sämtliche Pflegebedürfnisse nutzen können.

In folgenden Abschnitt wird auf unterschiedliche Hautprobleme und eine Behandlung mit Kokosöl eingegangen.

Für trockene Haut

Die mittelkettigen Fettsäuren im Kokosöl machen es zu einem hervorragenden Feuchtigkeitsspender. So sorgt es dafür, dass die Haut über einen bestimmten Zeitraum angenehm geschmeidig bleibt. Denn es repariert die geschädigte Hautschicht und fängt dort Wasser ein um die Haut vor Trockenheit zu schützen. Es kann im Gesicht sowie auf dem gesamten Körper angewendet werden. Gerade bei sehr trockenen Körperstellen, wie zum Beispiel den Ellenbogen, spendet es sofort Feuchtigkeit.

Körper Butter

Zutaten:

1 Tasse Kokosöl
1EL Vitamin E Öl
ein paar Tropfen Lavendelöl

Zubereitung:

Geben Sie alle Zutaten in einen Standmixer und verrühren Sie diese für einige Minuten. Anschließend geben Sie die Körperbutter zum Beispiel in ein Einweckglas und verschließen dieses. Die Körperbutter sollte bei Raumtemperatur gelagert werden.

Anti Aging

Besonders Frauen streben nach einem jugendlichen Aussehen und wollen selbst im hohen Alter noch jung und frisch aussehen. Dies stellt jedoch eine Herausforderung dar, denn dem genetischen Alterungsprozess kann sich keiner entziehen. Mit der Zeit wird die Haut jedoch in der oberflächlichen Schicht trocken, da die Fettstoffe und die Feuchtigkeit ständig abnehmen. So verliert die Haut die Eigenschaft die angemessene Menge an Nährstoffen und Wasser aufzunehmen. Dies führt dann unweigerlich dazu, dass die Haut immer trockener wird. Ebenfalls wird die Oberhaut wie die darunter liegende Lederhaut immer dünner und leichter verletzbar. Die Haut reagiert deshalb auch überaus empfindlich auf äußere Reize wie Sonnenlicht. Insgesamt führt der Alterungsprozess dazu, dass die Spannkraft der Haut unweigerlich abnimmt und es zur Faltenbildung kommt.

Doch Kokosöl kann diesen Alterungsprozess verlangsamen und Falten mindern. Aufgrund des hohen Anteils an Proteinen hilft es die Zellen gesund zu halten und Schäden an der Hautoberfläche zu reparieren. Des

Weiteren ist Feuchtigkeitsmangel häufig ein Grund für die Entstehung von Falten. Wie oben beschrieben, kann Kokosöl aufgrund seiner feuchtigkeitspendenden Wirkung diesem Zustand entgegenwirken.

Der Hautalterungsprozess kann durch weitere äußere Bedingungen verstärkt werden. Dazu gehört natürlich die UV-Strahlung durch das Sonnenlicht, die die Bildung von freien Radikalen verursacht. Frei Radikale sind Sauerstoffteilchen, die große Schäden in der Haut anrichten können. So führen sie zum Beispiel dazu, dass die DNA geschädigt wird oder Fettmoleküle zerstört werden. Der natürliche Schutzmechanismus der Haut kann dies bei einem hohem Maß nicht mehr alleine bewältigen.

Doch die im Kokosöl enthaltenen mittelkettigen Fettsäuren sind in der Lage die Haut zu reparieren und sie vor freien Radikalen zu schützen. So können die Zellen ebenfalls wieder mehr Feuchtigkeit aufnehmen. Es ist jedoch bedeutend, dass Sie sich bewusst sind, dass andere Öle und Cremes mit mittelkettigen Fettsäuren dieses Problem nicht auf dieselbe Art und Weise mindern können. Denn die mittelkettigen

Fettsäuren des Kokosöl haben genau die angemessene Größe um sich den Zellmembranen der Haut perfekt anzupassen.

Die Effektivität von Kokosöl im Kampf gegen den Hautalterungsprozess hängt ebenfalls mit der menschlichen Kollagenbildung zusammen. Kollagen ist ein Protein, das ein wesentlicher Bestandteil des Bindegewebes sowie der Haut ist. Kokosöl unterstützt die Produktion von Kollagen und beugt somit der Faltenbildung vor. Außerdem führt Kokosöl zu einer Erneuerung der Hautzellen, denn so bestehen 100mg Kokosöl zu 0,1mg aus Vitamin E. Dieses Vitamin kurbelt die Erneuerungsprozesse der Haut an und machen das Kokosöl so zu einem natürlichen Produkt, dass die Haut jugendlich und strahlend aussehen lässt.

Anti-Aging Kokosöl Gesichtscreme

Zutaten:

1/4 Tasse Mandelöl
2 TL Kokosöl
2 TL Bienenwachs
1/2 TL Vitamin E Öl
1 TL Sheabutter

Zubereitung:

Erhitzen Sie zwei Tassen Wasser in einem Topf. Füllen Sie alle Zutaten in ein Glasgefäß. Sobald das Wasser anfängt zu kochen, stellen Sie das Glasgefäß in den Topf. Rühren Sie hin und wieder die Mischung durch und warten Sie bis alle Zutaten geschmolzen sind. Versichern Sie sich im Anschluss, dass Sie eine gleichmäßige Masse erhalten. Nehmen Sie das Gefäß aus dem Topf und lassen Sie es abkühlen bis es fest geworden ist. Schließen Sie das Gefäß mit einem Deckel und lagern Sie es an einem kühlen, unbeleuchteten Ort.

Bei Akne

Nicht nur Jugendliche sondern auch viele Erwachsene sind von unreiner Haut betroffen und greifen notgedrungen zu Produkten aus dem Einzelhandel, die zum Teil aufgrund der bedenklichen Inhaltsstoffe extreme Nebenwirkungen hervorrufen. Häufig streuben sich Menschen mit unreiner und fettiger Haut davor Öle für das Gesicht zu verwenden. Dies ist zunächst verständlich, doch Kokosöl ist auch besonders für diese Personengruppe sehr verträglich. Da Kokosöl antimikrobakteriell ist, stoppt es Entzündungen und lindert diese schnell. Wird das Öl regelmäßig auf die Haut aufgetragen, kann damit dem Ausbruch neuer Akne-Schübe vorgebeugt werden.

Anti-Pickel Anwendung

Zutaten:

1/8 Tasse Kokosöl

2-5 Tropfen Teebaumöl

Zubereitung:

Schmelzen Sie das Kokosöl und fügen Sie das Teebaumöl hinzu. Nun vermischen Sie beide Öle miteinander. Verwenden Sie einen Pipettenfüller und füllen Sie es zum Beispiel in einen Lippenbalsamtube. Anschließend stellen Sie dieses in den Kühlschrank.

Dehnungsstreifen und Cellulite

Tragen Frauen Kokosöl während der Schwangerschaft auf problematische Körperzonen wie Oberschenkel oder Bauch auf, so kann dies der Entstehung von Schwangerschaftsstreifen entgegenwirken. Neben Dehnungsstreifen wird ebenfalls die sogenannte Orangenhaut bzw. Cellulite von vielen Frauen gefürchtet. Diese entsteht durch Fettablagerungen in der Haut und im Unterhautgewebe, wodurch die unschönen Dellen entstehen. Kokosöl ist ein sehr wirksames und natürliches Mittel um die Orangenhaut zu mildern. Des Weiteren spendet es der Haut Feuchtigkeit und strafft die Haut nachweislich.

Kokosöl-Peeling

Ein Peeling ist eine bedeutende Ergänzung für eine optimale Gesichts- und Körperpflege. So werden abgestorbene Hautzellen entfernt und die Durchblutung angeregt. Danach sieht die Haut für gewöhnlich frischer, gesünder und jünger aus. Doch häufig wird ein Peeling aus dem Drogeriemarkt verwendet und zurück bleibt ein brennendes Gesicht, da das Peeling das sensible Gesicht zu sehr gereizt hat. Dies passiert jedoch nicht, wenn sie körnige Zutaten wie Meersalz, braunen Zucker, Hafer oder zermahlene Samen mit dem Kokosöl vermischen. Damit wird ihre Haut tiefenrein gereinigt, ohne sie zu reizen und es hinterlässt ein angenehmes, weiches Hautgefühl.

Kokosöl-Peeling

Zutaten:

400 g Kokosöl
200 g brauner Bio-Zucker
100 g Honig

Zubereitung:

Erhitzen Sie das Kokosöl leicht damit es flüssig wird. Lassen Sie es etwas abkühlen. Anschließend mischen Sie das Kokosöl mit dem Zucker und dem Honig gut durch. Füllen Sie es daraufhin in ein Glas.

Augen Make-up Entferner

Die Augenpartie ist sehr empfindlich. Deshalb sollten Sie keinesfalls in Alkohol getränkte oder auf Chemikalien basierende Make-up Entferner Tücher verwenden. Diese hinterlassen eine angespannte und trockene Augenpartie. Entfernen Sie ihr Augen Make-up jedoch mit Kokosöl, so führt dies dazu, dass die Haut sich nach der Reinigung weich und sauber anfühlt.

Lippenpflege

Viele konventionelle Lippenprodukte bestehen aus chemischen Inhaltsstoffen, die unter Umständen versehentlich in den Speichelfluss des Mundes gelangen können. Bei der Verwendung von Kokosöl ist dieses Problem natürlich nicht vorhanden. So eignet sich Kokosöl hervorragend als Lippenbalsam, denn es repariert umgehend trockene Lippen. Es kann ebenfalls unter einem Lippenstift verwendet werden um die Lippen weich zu halten und sie mit ausreichend Feuchtigkeit zu versorgen. Für einen glänzenden Look kann das Kokosöl wie ein Lipgloss auch über dem Lippenstift aufgetragen werden.

Sonnenschutz

Kokosöl zieht schnell in die Haut ein, ohne einen fettigen Film zu hinterlassen. In Ländern, wo es als natürliches Sonnenöl verwendet wird, ist Hautkrebs so gut wie kaum verbreitet. Die Antioxidantien in Kokosöl machen es zu einem Sun blocker. Genau diese Eigenschaft hilft ebenfalls die Haut zu heilen und sie vor den UV-Strahlen der Sonne zu schützen. Es wird häufig argumentiert, dass eine Ernährung mit ungesunden Fetten den aufgetragenen positiven Wirkstoffen auf der Haut entgegenwirkt. Das Sprichwort "Du bist, was du isst" stimmt auch in diesem Falle, denn bei dem Verzehr von ungesunden Ölen ist die Haut auch anfälliger für Sonnenbrand.

Der menschliche Körper sollte sich für einen gewissen Zeitraum der Sonne aussetzen, da dadurch auf natürliche Weise Vitamin D aufgenommen werden kann. Es wird insgesamt empfohlen, dass das sich das Sonnen ohne Sonnenschutz auf 10 bis 12 Minuten beschränken sollte. Bei einem guten Sonnenschutz können Sie sich mehrere Stunden in der Sonne aufhalten. Dabei sollte natürlich berücksichtigt werden, dass der aufgetragene Sonnenschutz nach dem Schwimmen etwas abschwächt.

Sonnenschutz

Zutaten:

1/2 Tasse Kokosöl

1/2 Tasse Sheabutter

5 EL Bienenwachs

2 EL Zinkoxid

1/2 TL Vitamin E Öl

3/4 TL ätherische Öle (außer Zitrone)

Zubereitung:

Erhitzen Sie alle Zutaten in einem Wasserbad und verrühren Sie diese bis sie geschmolzen sind. Anschließend geben Sie alle Zutaten in eine Silikonform und lassen es für eine halbe Stunde im Kühlschrank abkühlen. Zum Schluss geben Sie es in ein luftundurchlässiges Gefäß oder einen Behälter und lagern dieses bei Zimmertemperatur.

Nagelwachstum und Nagelhaut

Die Proteine in den Fettsäuren des Kokosöls unterstützen das Nagelwachstum und pflegen die Nagelhaut. Tragen Sie dafür das Kokosöl auf Ihre Fingernägel und die Nagelhaut auf und massieren Sie es sanft ein.

Handpflege

Aufgrund seiner feuchtigkeitsspendenden Eigenschaft kann Kokosöl natürlich ebenfalls als Handpflege dienen, die strapazierte und trockene Hände angenehm weich macht. Sie können es alleine auftragen oder in Kombination mit anderen natürlichen Inhaltsstoffen eine Handcreme selbst herstellen.

Kokosöl Handcreme

Zutaten:

4 EL Kokosöl

3 EL Sheabutter

2 EL Kakaobutter

1 EL Jojobaöl

6 Tropfen Lavendelöl

Zubereitung:

Schmelzen Sie das Kokosöl mit der Sheabutter in einem Wasserbad. Geben Sie es anschließend in ein Glasgefäß und lassen es abkühlen. Fügen Sie daraufhin das Jojoba- und Lavendelöl hinzu. Rühren Sie alles gut um und lagern Sie die Handcreme in einem kühlen und dunklen Ort.

Kokosöl-Deo

In letzter Zeit wurde besonders vor Deos gewarnt, die Aluminium enthalten und deshalb schädlich für unseren Organismus sind. Doch auch mit Kokosöl lässt sich ein Deo selbst herstellen, das Sie auf natürliche Weise den ganzen Tag frisch hält und Sie vor Schweiß schützt.

Kokosöl-Deo

Zutaten:

1 EL Bienenwachs
1 EL Sheabutter
1 EL Kokosöl
1/2 EL Backpulver
5 Tropfen ätherisches Zitronenöl
5 Tropfen ätherisches Rosmarinöl

Zubereitung:

Lassen Sie Kokosöl mit dem Bienenwachs und der Sheabutter in einem Wasserbad schmelzen und verrühren Sie die Zutaten miteinander. Anschließend geben Sie diese in einen Behälter oder eine kleine Schüssel. Geben Sie nun das Backpulver dazu und verrühren es. Lassen Sie die Mischung etwas abkühlen und fügen Sie daraufhin das Zitronen- und Rosmarinöl hinzu. Das Deo kann in einen Deodorantstift gegeben werden, um es problemlos zu gebrauchen. Beachten Sie jedoch, dass Sie das Kokosöldeo erst nach dem Abkühlen verwenden sollten.

Bei Pigmentstörungen

Pigmentstörungen sind Verfärbungen unserer Haut, die durch Melanozyten entstehen. Diese Zellen produzieren den Farbstoff Melanin, der besonders gebildet wird, wenn UV-Licht auf die Haut trifft. Bei regelmäßiger Sonneneinstrahlung wird die Haut immer dunkler, weshalb ein guter Sonnenschutz sehr bedeutend ist. Sie können natürlich in diesem Falle den bereits vorgestellten Sonnenschutz mit Kokosöl verwenden. Jedoch hilft Kokosöl allgemein sehr gut bei Pigmentstörungen, da die darin enthaltenen Fettsäuren die Haut mit ausreichend Feuchtigkeit versorgen und so die Farbe der Haut positiv beeinflussen. Kombiniert mit den Wirkstoffen der Banane sowie Kurkuma kann Kokosöl als Maske aufgetragen den Hautton sichtbar verbessern und aufhellen.

Aufhellende Kokosöl Gesichtsmaske

Zutaten:

2 TL Kokosöl

1/2 Banane

1 Prise Kurkuma Pulver

Zubereitung:

Schmelzen Sie das Kokosöl. Zerdrücken Sie die Banane mit Hilfe einer Gabel in einer Schüssel und geben Sie das Kokosöl sowie Kurkuma hinzu. Verrühren Sie es solange bis sie eine gleichmäßige Masse erhalten. Geben Sie die Maske auf Ihr Gesicht und lassen Sie es für 10 bis 15 Minuten einwirken. Waschen Sie die Maske nach der Einwirkzeit mit kaltem Wasser ab.

6.2 Gesunde und kräftige Haare

Das Beautyprodukt Kokosöl verbessert nicht nur sämtliche Hautprobleme, sondern ist ebenfalls ein Geheimtipp für gesunde und glänzende Haare. Häufig werden Shampoos und Spülungen gekauft, die nahezu alle gewisse Chemikalien beinhalten, die auf lange Sicht unseren Haaren erheblich schaden. Diese führen dazu, dass das Haar dünner und schwächer wird. Einige Produkte verursachen sogar eine vorzeitige Ergrauung der Haare oder Haarausfall. Es ist deshalb bedeutend, diesen Anzeichen entgegenzuwirken und dem Haar auf natürliche Weise die Nährstoffe zu geben, die es benötigt. Kokosöl ist solch ein Produkt, dass alle Schäden repariert, dic durch derartige Produkte entstanden sind. Hinzu kommt, dass Kokosöl dem Haar dazu verhilft, die notwendigen Proteine für eine optimale Gesundheit beizubehalten. Des Weiteren werden die Haare bei regelmäßiger Anwendung von Kokosöl dicker, länger und das Haarwachstum wird gesteigert.

Wie bereits bei dem Abschnitt über die Hautpflege, wird auch in diesem Teil wieder auf bestimmte

Haarprobleme und eine Behandlung mit Kokosöl eingegangen. Ihnen werden ebenfalls einige Anleitungen für selbst hergestellte Haarpflegeprodukte vorgestellt.

Bei trockenen und strapazierten Haaren

Besonders Frauen setzen Ihren Haaren alltäglich vielen Belastungen aus. Durch die Hitze des Föhns oder durch das Styling mit einem Glätteisen werden die Haare immer brüchiger, trockener und strapazierter. Kokosöl repariert all diese Schäden, die dem Haar zugefügt werden. Es spendet ebenso nicht nur der Haut Feuchtigkeit, sondern auch den Haaren. Auf dem Haar aufgetragen, fühlt es sich sofort weicher und glatter an. Es schützt die Haare ebenfalls vor den gefährlichen UV-Strahlen und weiteren äußeren Einflüssen.

Kokosöl-Honig-Haarkur

Diese Haarkur ist ideal bei strapaziertem Haar. Der Honig und das Kokosöl reparieren das Haar, stoppen Haarbruch und spenden dem Haar ausreichend Feuchtigkeit.

Zutaten:

2 EL Kokosöl
2 EL Honig

Zubereitung:

Geben Sie die Zutaten in einen kleinen Kochtopf und erhitzen Sie diese. Verrühren Sie es während des Erhitzens und geben Sie es anschließend in eine Schale oder kleine Schüssel. Tragen Sie die Mixtur von den Haarwurzeln bis zu den Spitzen auf. Teilen Sie dazu Ihr Haar in unterschiedliche Segmente, damit alle Haarsträhnen von der Maske bedeckt sind. Nach dem Auftragen wickeln Sie ein warmes Handtuch um Ihr

Haar und lassen die Maske für etwa eine Stunde einwirken. Danach waschen Sie Ihr Haar wie gewohnt.

Kokosöl-Avocado-Haarkur

Auch diese Maske eignet sich hervorragend für strapaziertes und trockenes Haar.

Zutaten:

2 EK Kokosöl
4 EL Milch
1 reife Avocado

Zubereitung:

Zerkleinern Sie die Avocado zu einem Püree und fügen Sie das Kokosöl sowie die Milch hinzu. Tragen Sie nun die Haarkur auf Ihre Kopfhaut und Ihr gesamtes Haar auf. Lassen Sie die Haarmaske für 30 Minuten einwirken und waschen Sie es daraufhin mit warmen Wasser ab um Rückstände zu entfernen.

Bei krausem Haar

Viele Frauen sind von krausem Haar geplagt und haben große Mühe diese zu bändigen. Eine regelmäßige Anwendung von Kokosöl im Haar hilft krauses Haar zu entwirren. Massieren Sie dazu etwas warmes Kokosöl in Ihr Haar und lassen Sie es über Nacht einwirken. Am nächsten Tag kann es dann gewaschen werden und das Haar ist um einiges leichter zu bändigen. Ein weiterer positiver Nebeneffekt ist, dass die Haare daraufhin viel mehr glänzen und gesünder wirken.

Bei trockener Kopfhaut und Schuppen

Auch Menschen, die von Schuppen geplagt sind und eine trockene Kopfhaut besitzen, sollten Kokosöl auf die Kopfhaut auftragen und über Nacht einwirken lassen. Die Kopfhaut wird dadurch auf natürliche und milde Weise gereinigt. Die im Kokosöl enthaltenen Fettsäuren bekämpfen die Trockenheit auf der Kopfhaut, so dass Sie sich von einer juckenden Kopfhaut endlich verabschieden können.

Anti-Schuppen Maske

Zutaten:

3 EL Kokosöl
2 EL Zitronensaft

Zubereitung:

Vermischen Sie das Kokosöl mit dem Zitronensaft und tragen Sie diese Mixtur auf Ihre Kopfhaut auf. Lassen Sie diese nun für etwa 15 bis 20 Minuten einwirken. Danach waschen Sie die Kopfhaut gründlich mit einem milden Shampoo.

Kokosöl-Maske für Kopfhaut

Zutaten:

6 EL Kokosöl

3 EL Teebaumöl

4 EL ätherisches Rosmarinöl

Zubereitung:

Mischen Sie alle Zutaten in einer kleinen Schüssel. Teilen Sie ihr Haar in unterschiedliche Abschnitte und reiben Sie die Maske in kreisförmigen Bewegungen auf Ihre Kopfhaut. Reiben Sie es gründlich und sorgfältig ein damit der Blutkreislauf angeregt wird und das Öl einziehen kann. Lassen Sie es für eine halbe Stunde einwirken und waschen Sie Ihr Haar daraufhin wie gewohnt.

Für das Haarwachstum

Viele Frauen träumen von einer langen Haarpracht. Doch die Haare wachsen zu lassen, erfordert viel Geduld und Mühe. Kokosöl fördert das Wachstum der Haare auf natürliche Weise und kann für diesen Zweck gezielt eingesetzt werden. Das Öl nährt die Haare von der Wurzel an wodurch die Haare schneller wachsen und ebenfalls dicker werden. Wird das Öl in die Kopfhaut massiert, unterstützt dies den Blutkreislauf, was wiederum das Haarwachstum ankurbelt. Der Sauerstoff gelangt einfacher an das Haar und hält es somit gesund.

Als Spülung

Kokosöl kann auch als eine natürliche Spülung angewendet werden. Waschen Sie dazu Ihr Haar und massieren Sie warmes Kokosöl nach dem Trocknen in Ihr Haar und in Ihre Kopfhaut. Lassen Sie es für eine halbe Stunde einwirken. Verwenden Sie danach ein Shampoo um das Öl wieder auszuwaschen. Damit die Poren auf der Kopfhaut nicht verstopfen, ist darauf zu achten, dass das Öl sehr gründlich ausgewaschen wird.

Jedoch muss das Kokosöl nicht unweigerlich nach der Wäsche wieder herausgewaschen werden. Es kann auch im Haar verbleiben, um diesem mehr Feuchtigkeit zu spenden. Besonders in die Spitzen kann es eingearbeitet werden um Spliss vorzubeugen. Achten Sie dabei jedoch auf die richtige Menge, denn sonst sieht das Haar schnell fettig aus. Das Haar sollte ebenfalls noch etwas feucht sein.

Sollten nicht bereits genug Gründe für die Verwendung von Kokosöl sprechen, so werden Ihnen im nächsten

Kapitel noch einige weitere Anwendungsmöglichkeiten vorgestellt.

7 | Zusätzliche Anwendungsbereiche

1. Leiden Sie an einer Pollenallergie, so können Sie etwas Kokosöl in Ihre Nasenlöcher geben. Die Pollen bleiben am Öl haften, doch sie sollten hin und wieder die Nase säubern und das Öl nochmals auftragen. Dies ist eine gute Alternative zu Nasensprays und Tabletten, wenn Sie nicht die ganze Zeit niesen möchten.

2. Da Kokosöl antibakterielle Eigenschaften besitzt, kann es auf Wunden aufgetragen werden um weitere Infektionen zu vermeiden. Achten Sie aber darauf, dass Sie die Wunde gut verbinden, denn das Öl kann unter Umständen Staub oder Dreck anziehen.

3. Leiden Sie unter Mundgeruch oder einem infizierten Zahn, dann kann eine Mundspülung mit Kokosöl die Bakterien im Mund reduzieren. Sie benötigen eine Viertel Tasse des Öls, das sie im Mund schwenken. Achten Sie darauf, dass das Öl auch zwischen die Zähne gelangt, so dass an diesen Stellen ebenfalls Essensreste und Bakterien entfernt werden. Spucken Sie das Öl danach einfach aus.

4. Sollten Sie Gäste erwarten und Sie haben keine Möbelpolitur mehr zuhause, so eignet sich auch Kokosöl dafür. Tragen Sie es wie gewöhnliche Politur auf Ihre Möbel auf. Der weitere positive Nebeneffekt ist, dass Ihr Haus herrlich tropisch riechen wird.

5. Bei Vaginalpilzinfektionen hilft Kokosöl indem Sie einen Tampon in das Öl tauchen und es für eine halbe Stunde einführen. Um einer erneuten Infektion vorzubeugen, waschen Sie sich im Intimbereich regelmäßig mit einer Mischung, die aus zwei Esslöffeln Kokosöl und ein und halb Tassen Wasser besteht.

6. Auch das Wachstum der Wimpern kann Kokosöl anregen. Dazu massieren sie eine kleine Menge auf ihren Wimpernansatz. Sorgen Sie sich dabei nicht, wenn etwas ins Auge gelangt, denn dies ist völlig unschädlich. Der Überschuss an Kokosöl kann ganz einfach mit einem Taschentuch abgewischt werden.

7. Stillenden Müttern wird empfohlen das Kokosöl auf wunde Brustwarzen zu verwenden. Es muss nicht abgewaschen werden, da es in keinster Weise schädlich für den Säugling ist.

8. Stellen Sie Ihr eigenes Waschmittel mit Kokosöl, Lauge und Wasser her. Kokosöl eignet sich sehr gut für die Wäsche, da es unschädlich und sanft zur Haut ist.

Während es bisher hauptsächlich darum ging Ihnen die zahlreichen gesundheitlichen Vorteile des Konsums von Kokosöl vorzustellen, sowie äußere Anwendungen-möglichkeiten, zeigt Ihnen das nächste Kapitel wie Sie dieses Öl in Ihre Ernährung einbauen können.

8 | Rezepte

Aufgrund seiner Eigenschaften bzw. seiner Hitzebeständigkeit und seinem Geschmack lässt sich Kokosöl problemlos in viele Gerichte integrieren. Im Folgenden erhalten Sie einige Anregungen und Vorschläge von einfachen Rezepten. Bei den Rezepten wurden Beilagen, Hauptspeisen, Desserts sowie Smoothies berücksichtigt.

Bananenbrot

Portionen: 5

Energie: 1600 kcal

Eiweiß: 60 g

Fett: 55 g

Kohlenhydrate: 210 g

Zutaten:

1 1/2 Tassen flour

1 TL Backpulver

1 Prise Salz

1/2 Tasse natives Kokosöl

1 Tasse Quark

1 Tasse braunen Zucker

1 Ei

2 Bananen

Zubereitung:

1. Heizen Sie den Backofen auf 180°C vor.

2. Legen Sie Backpapier in eine Kastenform.

3. Geben Sie alle trockenen Zutaten in eine große Rührschüssel und stellen diese zur Seite.

4. In einer weiteren Schüssel schlagen Sie das Kokosöl eventuell mit Hilfe eines Handrührgerätes für etwa drei Minuten bis es weich ist.

5. Fügen Sie den Quark hinzu und rühren es für weitere drei Minuten.

6. Fügen Sie den Zucker hinzu und verrühren es mit den vorherigen Zutaten für etwa fünf Minuten bis es schaumig ist.

7. Daraufhin fügen Sie das Ei sowie die Bananen hinzu.

8. Geben Sie die trockenen Zutaten in den Teig und verrühren Sie diesen für drei Minuten.

9. Füllen Sie den Teig in die Kastenform und lassen diesen für 45 bis 55 Minuten backen. Das Brot sollte goldbraun gebacken sein.

Kürbis Kokosmehl Pancakes

Portionen: 6

Energie: 1700 kcal

Eiweiß: 85 g

Fett: 100 g

Kohlenhydrate: 100 g

Zutaten:

1/2 Tasse Kokosmehl

1/4 Tasse Molkenprotein Pulver

1/4 Tasse Honig oder Ahornsirup

1 TL Backpulver

1 TL Zimt

1/2 TL Salz

1/2 TL Ingwer

1/2 TL Gewürznelken

6 Eier

1/2 Tasse Kürbispürree

3 EL Kokosöl

1/2 bis 3/4 Tasse Kokos- oder Mandelmilch

1/2 TL Vanilleextrakt
etwas Kokosöl für die Pfanne

Zubereitung:

1. Heizen Sie den Backofen auf 100°C vor.

2. Verquirlen Sie Kokosmehl, Proteinpuder, Honig oder Ahornsirup, Backpulver, Zimt, Salz, Ingwer und Gewürznelken in einer großen Rührschüssel.

3. In einer weiteren Rührschüssel verrühren Sie die Eier mit dem Kürbispürree, dem geschmolzenen Kokosöl, der Kokos- oder Mandelmilch sowie dem Vanilleextrakt.

4. Fügen Sie die Eiermasse zu dem Kokosmehlteig und verrühren diesen gut. Fügen Sie etwas mehr Kokos- oder Mandelmilch hinzu falls der Teig zu dick sein sollte.

5. Erhitzen Sie Kokosöl auf mittlerer Stufe in einer großen Pfanne. Sobald das Kokosöl geschmolzen ist,

geben Sie zwei Esslöffel des Teiges in die Pfanne und breiten Sie es zu einem kleinen Kreis aus.

6. Braten Sie die Pancakes bis sie goldbraun sind. Drehen Sie diese vorsichtig um und braten ebenfalls die andere Seite goldbraun. Holen Sie die Pancakes aus der Pfanne und halten Sie sie zum Beispiel im Backofen warm.

Pfirsich Joghurt Muffins

Portionen: 6

Energie: 2100 kcal

Eiweiß: 65 g

Fett: 105 g

Kohlenhydrate: 210 g

Zutaten:

2 Tassen Vollkornmehl

3/4 Tassen Zucker

1/2 TL Salz

1/2 TL Backpulver

3/4 TL Zimt

2 Eier

1 Tasse griechischer Joghurt

1/4 Tasse und 2 EL geschmolzenes Kokosöl

1/4 Tasse fettarme Milch

1 1/2 Tassen gefrorene oder frische Pfirsiche (geschnitten)

Zubereitung:

1. Heizen Sie den Backofen auf 200°C vor.

2. Vermengen Sie Mehl, Zucker, Salz, Backpulver und Zimt in einer großen Rührschüssel. Verrühren Sie mit einem Handrührgerät in einer weiteren Rührschüssel die Eier, den Joghurt, das Kokosöl und die Milch.

3. Daraufhin geben Sie den Eier-Joghurt-Teig gemeinsam mit den geschnittenen Pfirsichen zu den trockenen Zutaten und verrühren den Teig wieder.

4. Füllen Sie den fertigen Teig in Muffinförmchen und backen die Muffins 20 bis 23 Minuten. Nach dem Backen lassen Sie die Muffins zunächst 5 Minuten abkühlen bevor sie diese aus den Förmchen holen.

Lachs-Garnelen-Spieße

Portionen: 1

Energie: 490 kcal

Eiweiß: 90 g

Fett: 15 g

Kohlenhydrate: 5 g

Zutaten:

125 g Lachsfilet

1 Zitrone

400 g Garnelen (entdarmt; bis auf das Schwanzsegment geschält)

1 rote Paprikaschoten

1/2 Zucchini

1/2 weiße Zwiebel

Meersalz

Pfeffer

1 TL Kokosöl

2 Zweige Thymian

2 Holzspieße

Zubereitung:

1. Spülen Sie den Lachs unter kaltem Wasser ab, tupfen Sie ihn trocken und schneiden ihn anschließend in Würfel. Pressen Sie die Zitronenhälften aus und beträufeln Sie den Lachs mit dem Zitronensaft.

2. Spülen Sie die Garnelen unter kaltem Wasser ab und tupfen Sie diesen trocken.

3. Waschen Sie die Paprikaschoten und die Zucchini. Die Paprikaschoten schneiden Sie in mundgerechte Stücke und die Zucchini in Scheiben. Schälen Sie die Zwiebeln und schneiden Sie diese in grobe Stücke.

4. Stecken Sie den Lachs, die Garnelen, die Paprika, den Zucchini und die Zwiebeln abwechselnd auf die Holzspieße. Salzen und pfeffern Sie die den Fisch sowie das Gemüse.

5. Erhitzen Sie Kokosöl in einer Pfanne. Braten Sie die Spieße mit Thymian goldbraun bei mittlerer Hitze in etwa 4 bis 5 Minuten.

Kefir Smoothie

Portionen: 2

Energie: 635 kcal

Eiweiß: 25 g

Fett: 35 g

Kohlenhydrate: 55 g

Zutaten:

2 Tassen Kefir

1 Tasse gefrorene Mangostücke

2-4 Eigelb (zur Seite legen)

1 TL Honig

1 TL geriebene Orangenschale

1-2 EL geschmolzenes Kokosöl

Zubereitung:

1. Geben Sie Kefir, Mango, Honig und die geriebene Orangenschale in einen Standmixer.

2. Mixen Sie die Zutaten solange bis keine Mangostücke mehr vorhanden sind. Falls es notwendig ist, können Sie noch etwas Kefir hinzugeben.

3. Während der Standmixer noch arbeitet, träufeln Sie das Kokosöl hinein.

4. Daraufhin geben sie das Eigelb hinzu und mixen den Smoothie lediglich für eine Sekunde.

5. Schalten Sie den Standmixer aus und servieren Sie den Smoothie.

Schokoladen Bananen Shake mit Kokosöl

Portionen: 2

Energie: 610 kcal

Eiweiß: 5 g

Fett: 51 g

Kohlenhydrate: 30 g

Zutaten:

1 Tasse Kokosmilch

1 EL Ahornsirup

6 Tropfen Stevia

1 TL Gelatine

1 Banane

1 TL geschmolzenes Kokosöl

1 TL Vanillextrakt

1 EL Kakaopulver

Eis

Zubereitung:

1. Legen Sie alle Zutaten in einen Standmixer und verrühren Sie den Shake bis zur gewünschten Konsistenz.

2. Fügen Sie Eis hinzu damit der Shake eine Eiscreme ähnliche Konsistenz erreicht.

Knoblauch-Rosmarin-Rinderbraten mit Gemüse

Portionen: 6

Energie: 4300 kcal

Eiweiß: 275 g

Fett: 345 g

Kohlenhydrate: 15 g

Zutaten:

1 Rinderbraten (aus Weidehaltung, etwa 1,5 kg)

15-20 Knoblauchzehen (gepresst)

3 Zweige frischen Rosmarin

Salz und Pfeffer

Gemüse ihrer Wahl (in mundgerechte Stücke geschnitten)

1/2 Tasse Kokosöl

Zubereitung:

1. Beginnen Sie ein Tag vor der Zubereitung des Rinderbratens bereits mit der Vorbereitung. Dazu

zerkleinern Sie den Rosmarin, pressen die Knoblauchzehen und verrühren beides zu einer Paste. Reiben Sie die Paste auf den Rinderbraten und würzen Sie diesen großzügig mit Salz und Pfeffer. Lagern Sie den Rinderbraten über Nacht im Kühlschrank.

2. Holen Sie am nächsten Tag den Rinderbraten aus dem Kühlschrank und lassen diesen für 30 Minuten bei Zimmertemperatur ruhen damit das Fleisch nicht mehr kalt ist.

3. Heizen Sie den Backofen auf 200°C vor.

4. Während der Ofen vorwärmt, schneiden Sie das Gemüse Ihrer Wahl in mundgerechte Stücke und legen diesen mit dem Braten in das Bratgeschirr.

5. Schmelzen Sie das Kokosöl und träufeln es über das Gemüse. Würzen Sie mit Salz und Pfeffer.

6. Stellen Sie den Braten in den Backofen und lassen Sie diesen für 15 Minuten bei 200°C backen. Daraufhin reduzieren Sie die Hitze auf 150 Grad. Garen Sie den Braten für 60 bis 75 Minuten und testen Sie die

Temperatur des Bratens. Folgende Angaben geben Ihnen dabei eine Orientierung.

Blutig: 50 Grad, halb-durch: 55 Grad, rosa: 60 Grad, fast durchgebraten: 65 Grad, durchgebraten: 70 Grad und mehr

7. Beachten Sie, dass der Braten weiter gart wenn er aus dem Ofen geholt wird. Wenn Sie diesen zum Beispiel rosa haben wollen, holen Sie ihn bei 55 Grad aus dem Ofen. Bedecken Sie diesen und lassen ihn für 10 bis 15 Minuten stehen.

8. Schneiden Sie den Braten in Scheiben und servieren Sie ihn mit dem Gemüse und Bratensoße.

Hähnchen - Curry mit Aprikosen

Portionen: 2

Energie: 1300 kcal

Eiweiß: 100 g

Fett: 55 g

Kohlenhydrate: 105 g

Zutaten:

1 Zwiebel

1 EL Kokosöl

400 g Hähnchenbrustfilet

1 Dose Aprikosen

100 ml Sahne

250 ml Gemüsebrühe

Salz und Pfeffer

Zubereitung:

1. Würfeln Sie eine Zwiebel und dünsten Sie in einer Pfanne mit einem Esslöffel Kokosöl glasig.

2. Schneiden Sie das Hähnchenfleisch in Streifen und geben Sie es zu den Zwiebeln. Braten Sie es daraufhin in der Pfanne.

3. Gießen Sie eine Dose Aprikosen ab und fangen den Saft auf. (Den Saft nicht entsorgen!)

4. Fügen Sie die Sahne, die Gemüsebrühe sowie etwas von dem Aprikosensaft (Menge je nach Geschmack) zu dem Hähnchenfleisch.

5. Legen Sie die Aprikosen ebenfalls dazu. Lassen Sie es nun etwa 5 Minuten köcheln. Sehr gut passt Reis zu diesem Gericht.

Karotten-Kuchen-Müsli

Portionen: 6

Energie 2200 kcal

Eiweiß 45 g

Fett 155 g

Kohlenhydrate 150 g

Zutaten:

2 Tassen Haferflocken

1 Tasse geraspelte Karotten

1 Tasse Pekannüsse

1 Tasse Walnüsse

1/4 Tasse Kokosraspel

1/4 Tasse geschmolzenes Kokosöl

1 TL Zimt

1/2 TL Salz

1/4 Tasse geriebener Ingwer

1/2 TL Rosinen

Zubereitung:

1. Heizen Sie den Backofen auf 180°C vor.

2. Fügen Sie alle Zutaten bis auf die Rosinen in eine Rührschüssel und verrühren Sie diese gut.

3. Verteilen Sie die Mixtur gleichmäßig auf einem Backblech und backen sie diese für 25 Minuten. Nach der Hälfte der Backzeit rühren Sie noch einmal kräftig durch. Ist das Müsli fertig gebacken, so lassen Sie es bei Raumtemperatur abkühlen. Daraufhin fügen Sie die Rosinen hinzu.

Gebratener Blumenkohl

Portionen: 2

Energie: 495 kcal

Eiweiß: 30 g

Fett: 30 g

Kohlenhydrate: 35 g

Zutaten:

1 EL Kokosöl

1 gehackte Zwiebel

2 gewürfelte Möhren

3 Frühlingszwiebeln in dünne Scheiben geschnitten

1/2 Kopf eines Blumenkohls klein geschnitten

1/2 Tasse Erbsen

3 Eier leicht gerührt

Zubereitung:

1. Schneiden Sie den Blumenkohl in kleine Würfel.

2. Erhitzen Sie 2 Esslöffel Kokosöl in einer großen Gusspfanne. Fügen Sie die gehackten Zwiebeln hinzu und braten Sie diese für 2 bis 3 Minuten darin an. Fügen Sie ebenfalls die gewürfelten Möhren und Frühlingszwiebeln hinzu. Dünsten Sie die Zwiebeln bis sie glasig sind. Womöglich müssen Sie etwas Kokosöl hinzugeben.

3. Daraufhin geben Sie den Blumenkohl in die Pfanne. Rühren Sie diesen während er kocht. Nach 3 Minuten geben sie eine halbe Tasse Wasser hinzu, legen den Deckel auf die Pfanne und dünsten den Blumenkohl für fünf Minuten.

4. Danach entfernen Sie den Deckel und rühren nochmals alles durch. Verwenden Sie nicht mehr den Deckel, damit die Flüssigkeit verdampft. Daraufhin geben Sie die Erbsen hinzu. Wenn der Boden der Pfanne kaum mehr Flüssigkeit aufweist, so können die verrührten Eier bereits hinzugefügt werden. Drehen Sie erst nach 30 Sekunden die Eier in der Pfanne um damit diese gebraten werden können.

Nudel-Gemüse-Suppe

Portionen: 2

Energie: 860 kcal

Eiweiß: 18 g

Fett: 28 g

Kohlenhydrate: 132 g

Zutaten:

3 Knoblauchzehen

2-3 EL Kokosöl

300 g frische oder tiefgekühlte grüne Bohnen

2 Lauchzwiebeln

3 Stiele frischer Koriander

150 g Reisnudeln

1 Hand voll Sojabohnensprossen

1 1/2 Gemüsebrühe

1-2 EL Fischsauce

1-2 EL Limetten- oder Zitronensaft

Salz und Pfeffer

Zubereitung:

1. Schälen und würfeln Sie den Knoblauch und braten Sie ihn in 2 EL Kokosöl goldgelb. Stellen Sie ihn beiseite.

2. Waschen und putzen Sie die frischen Bohnen und schneiden Sie diese schräg in 2 cm breite Stücke. Tiefgekühlte Bohnen lassen Sie vorher erst einmal antauen. Waschen und putzen Sie ebenfalls die Lauchzwiebeln und schneiden Sie sie schräg in 1 cm lange Stücke. Zupfen Sie die Korianderblätter von den Stängeln ab.

3. Kochen Sie die Nudeln in Wasser 2-3 Minuten bissfest und lassen Sie diese abtropfen.

4. Kochen Sie daraufhin in kochendem Wasser zuerst die Sojabohnensprossen 1 Minute, dann die frischen grünen Bohnen für 4 Minuten (oder die angetauten für 2 Minuten). Schrecken Sie die Bohnen und Sprossen kurz ab.

5. Kochen Sie die Brühe in einem Topf auf. Inzwischen verteilen Sie die Nudeln, Bohnen, Lauchzwiebeln und Sojabohnensprossen in tiefe Teller. Schmecken Sie die Brühe mit Fischsauce, Limettensaft, Kokosöl sowie Salz und Pfeffer ab und gießen Sie diese kochend heiß über die Zutaten. Bestreuen Sie die Suppe mit geröstetem Knoblauch und Korianderblättchen.

9 | Schlusswort

Waren Sie am Anfang vom Konsum des Kokosöls noch nicht überzeugt, so müssten Sie an dieser Stelle bereits völlig Feuer und Flamme dafür sein. Denn Kokosöl bietet innerlich sowie äußerlich angewendet eine Abhilfe bei vielen Beschwerden und es sind besonders die zahlreichen wertvollen Inhaltsstoffe, die dieses Öl so einzigartig machen. Doch nicht zuletzt hängt die hohe Wirksamkeit von der Länge der Fettsäuren ab. So wurde an vielen Stellen deutlich, dass insbesondere die im Öl enthaltenen lang- und mittelkettigen Fettsäuren es so wertvoll für unsere Gesundheit machen. Kokosöl hat nicht nur einen positiven Einfluss auf die Gewichtsreduktion oder die Verdauung, sondern ist unter anderem sehr effektiv in der Bekämpfung vieler Krankheiten. Immer weit verbreiteter ist auch die Verwendung von Kokosöl als Beautyprodukt. Es kann nicht nur bei regelmäßiger Anwendung zu jugendlicher und strahlender Haut verhelfen, sondern auch den Zustand der Haare deutlich verbessern.

Probieren Sie die vorgestellten, praktischen Tipps in diesem Buch aus und kochen Sie die einfachen Rezepte nach. Sie werden von der positiven Wirkung auf ihr Wohlbefinden überzeugt sein und es nicht mehr aus Ihrer täglichen Ernährung und Pflege missen wollen.

Rechtliches

Alle Angaben und Informationen in diesem Buch wurden nach bestem Wissen und Gewissen sorgfältig ausgearbeitet. Ich bin bemüht alle Inhalte ständig auf dem aktuellen Stand zu halten. Dennoch sind Fehler und Unklarheiten nicht ausgeschlossen, weshalb ich keine Garantie für die Richtigkeit, Aktualität, Qualität und Vollständigkeit meiner Inhalte geben kann. Es wird keine Haftung für Schäden übernommen, die direkt oder indirekt aus der Verwendung der Angaben entstehen.

Impressum

Johanna Jung wird vertreten durch:

A. Dilger
Liboriberg 33
33098 Paderborn

ISBN-13: 978-1517341060
ISBN-10: 151734106X

16873787R00060

Printed in Poland
by Amazon Fulfillment
Poland Sp. z o.o., Wrocław